CAUSERIE

RÉTROSPECTIVE

SUR

LES ORIGINES DU THÉATRE

DE DIJON

Faite le 4 novembre 1878

SUR LE THÉATRE

PAR M. VICTOR

DIJON

IMPRIMERIE EUGÈNE JOBARD

—

1878

CAUSERIE

RÉTROSPECTIVE

sur

LES ORIGINES DU THÉATRE

DE DIJON

Faite le 4 novembre 1878

sur le théatre

Par M. VICTOR

1878

CAUSERIE RÉTROSPECTIVE

PERSONNAGES :

	Artistes.
Un vieil Abonné	MM. Victor.
Le Régisseur du théâtre	Herrevynn.

LUNDI 4 NOVEMBRE 1878

CAUSERIE RÉTROSPECTIVE

SCÈNE PREMIÈRE

LE RÉGISSEUR en costume officiel. Tenue correcte : habit, gilet et pantalon noirs ; cravate blanche ; gants blancs.

LE RÉGISSEUR

Après les trois saluts traditionnels :

Mesdames, Messieurs,

J'ai le regret de vous annoncer que l'artiste désigné pour faire la causerie rétrospective, s'est trouvé subitement indisposé : le caractère de cette indisposition lui crée l'impossibilité de paraître devant vous. Comme le temps manque pour le remplacer, l'Administration fait appel à votre bienveillance et vous prie de l'excuser, si elle ne peut, à son grand regret, remplir exactement les conditions de son programme, en supprimant la causerie rétrospective annoncée.

UN ABONNÉ

placé aux fauteuils de balcon :

Pardon ! M. le Régisseur, voulez-vous me permettre de vous faire une proposition ?

LE RÉGISSEUR

Mais, certainement, Monsieur.

L'ABONNÉ

Dans l'occurrence où vous place l'indisposition de l'artiste chargé de faire la causerie théâtrale, je vous propose de le remplacer.

LE RÉGISSEUR

Je vous remercie de votre obligeance, Monsieur, mais... à qui ai-je l'honneur de parler?...

L'ABONNÉ

Mon nom ?... Jean-Baptiste Rouyot, célibataire, modeste rentier, né avec le siècle, 78 ans, abonné au théâtre depuis que la salle est salle et payant exactement le chiffre de mes contributions. Voulez-vous voir mes quittances ?

LE RÉGISSEUR

Merci ! c'est inutile. On n'est pas plus explicite. Je vais demander l'autorisation de cette substitution à MM. Brunet et Carrouché.

L'ABONNÉ

J'apprécie votre réserve. Je descends. Attendez-moi, et nous allons solliciter ensemble l'autorisation réglementaire.

L'ABONNÉ

Ah ! je l'ai cette permission. Je puis donc causer à bouche que veux-tu avec mon bon public dijonnais que j'ai tant aimé dans ma jeunesse et que j'admire encore dans ma sénilité.

— Le costume que je porte vous a fait rire.., et cependant je l'avais revêtu intentionnellement en l'honneur de la solennité. Il y a cinquante ans que je le porte. Il vous paraît ridicule aujourd'hui... et pourtant c'était le dernier mot de la mode suprême en 1828.

Croyez-vous que vos pantalons d'aujourd'hui à pieds d'éléphant, votre raie au milieu du crâne, vos cols cassés, et les microscopiques tuyaux de poêle qui ornent vos têtes ne feront pas rire également vos fils et vos petits-fils ?... Hélas ! tout passe ici-bas. Et le temps qui use tout détruira vos excentricités comme il a déjà jeté son voile d'oubli sur tous nos malheurs ! Mais je n'ai pas demandé et obtenu la parole pour vous faire un cours de philosophie intempestive.

Nous sommes réunis pour célébrer un anniversaire tout patriotique, tout dijonnais.

— Il y a aujourd'hui, à pareille heure, cinquante ans que ce théâtre fut inauguré. J'assistais à cette solennité et je vais, si vous le permettez, vous raconter brièvement les origines du théâtre de Dijon.

—————

Les premières fondations de la salle de spectacle furent jetées en 1810 sous les auspices de M. Durande, alors maire de Dijon. Un architecte dijonnais, M. Célérier, fut l'auteur des plans de la salle, modifiés plus tard par M. Vallot, notre compatriote, qui a dirigé tous les travaux.

La reconnaissance publique placera toujours au premier rang M. le marquis de Courtivron, qui, par sa persévérance et son dévouement à la chose publique, obtint du ministère l'autorisation d'ériger le théâtre où nous sommes réunis. Ce souvenir me remet en mémoire les détails de cette soirée mémorable. Dans les entr'actes on se plaisait à parcourir les vastes couloirs, les larges escaliers où la foule peut se rencontrer sans jamais se heurter. On allait visiter le magnifique foyer resplendissant de l'éclat de ses trois lustres qui éteignaient le souvenir du *luminion* en carton orné de douze chandelles de six qui était chargé d'éclairer l'ancienne salle, rue Legouz-Gerland, sur l'emplacement appelé *Tripot des Barres*. Voilà pour le luminaire. Quant au calorique, c'était l'enfance de l'art. Un poêle en fonte à deux marmites avec tuyau perpendiculaire avait la prétention de réchauffer le parterre qui ne se gênait pas pour y faire cuire des châtaignes et des *aneutes*. Les bûches rationnées gisaient à côté et les spectateurs les plus voisins du poêle devenaient les vestales chargées d'entretenir l'ardeur du foyer : un *brasero* rudimentaire à l'orchestre devait alimenter le feu sacré des musiciens. Après chaque acte le moucheur de chandelles venait remplir son office, puis remontait sur la scène procéder à l'arrosage du plancher au moyen d'une mixture de sel et de vinaigre.

Mais revenons à notre nouvelle salle.

Ce fut encore à l'initiative de M. de Courtivron que le public doit l'accès au foyer. A l'origine de la création du théâtre, quelques influences eurent la prétention d'interdire l'entrée du foyer à tous autres que les locataires des premières places. M. de Courtivron décida que la salle ayant été construite avec les deniers de tous, tous devaient avoir la jouissance du foyer, qu'il qualifia : *le Salon du peuple !*

———

Parmi les nombreux *impressarii* qui dirigèrent la scène, plusieurs ont contribué par leur intelligence et leur honorabilité à assurer à notre théâtre le rang qu'il occupe aujourd'hui dans la France artistique. La reconnaissance nous fait un devoir de citer leurs noms : BOUZIGUES, CHABRILLAT, ROUSSEAU, RÉTHALLER, DÉFOSSEZ et bientôt BRUNET et CARROUCHE. Bouzigues attacha à son nom l'honneur d'avoir le premier en France fait représenter ROBERT LE DIABLE.

———

— 7 —

Plusieurs efforts de décentralisation furent tentés par des compositeurs et auteurs dijonnais. Ainsi le 4 novembre 1828, nous eûmes la primeur de la pièce du Dijonnais Briffaut, membre de l'Académie de Paris :

1° LES DÉGUISEMENTS, que la troupe de MM. Brunet et Carrouché va avoir l'honneur de jouer devant vous.

2° FEU MON ONCLE, opéra comique, musique de M. Debillemont, poème de M. le Dr Noirot.

3° LE PAYSAN, opéra de M. Charles Poisot.

4° LA QUARANTAINE AU BRÉSIL, opéra en 4 actes ; paroles et musique de M. Pâris.

5° LE CABARET DU MORIMONT, opéra de M. Louis François ; poème de M. X....

6° LES ORANGS-OUTOWS, opérette en 3 actes avec ballet ; musique de Louis François ; poème de Gersant d'Izy.

7° LE BOUQUET, opéra comique de M. le Dr Noirot, que vous allez apprécier ce soir.

Dans le genre dramatique.

8° URBAIN GRANDIER, drame en 5 actes et en vers, de M. Jousserandot.

9° LORD SURREY, drame en 5 actes, par M. Eugène Fillion.

10° LE PIRATE, drame en 5 actes, par M. Irénée Noël.

11° 23-35, comédie par cet original de Beaune, qui avait nom Xavier Forneret, qui obtint un succès d'hilarité sans précédent.

N'oublions pas les interprètes dont les noms sont restés légendaires dans le cœur de tous les amateurs. Au premier rang, LEPPEL dont le nom est synonyme de talent et de probité ; comme un vieux brave il est tombé au champ d'honneur, car il a rendu le dernier soupir, ici, au théâtre de ses exploits. Dijon peut dire de lui ce que Paris disait de Levasseur. Il semblait avoir été créé pour servir de modèle aux autres artistes.

Après lui, la pléiade des célébrités : Lapique, Padrès, Voizel, Valgalier, Dévillé, Annette Lebrun, Cervetta. J'en passe et des meilleurs !

———

Toutes les illustrations parisiennes ont rendu visite à nos scènes.

À l'ancienne salle : TALMA, NOURRIT, MARTIN, ELLEVIOU.

Ici : DUPREZ, LEVASSEUR, PONCHARD, ACHARD, L'ALBONI, LA VIARDOT, ROGER, FAURE.

Dans le genre dramatique : LA DUCHESNOIS, RACHEL, GEORGES, AGAR, BOCAGE, FRÉDÉRICK-LEMAITRE, DÉJAZET, BOUFFÉ, la COMÉDIE FRANÇAISE entière, tous ont laissé sur cette scène des traces encore lumineuses de leur passage. Astres fugitifs qui ont brillé d'un si vif éclat et qui ne laissent après eux qu'un lointain souvenir aux générations futures !....

Mlle MARS fut le couronnement de cette apothéose. L'illustre comédienne me rappelle un mot charmant : l'éléphant Kiouny, de colossale mémoire, avait précédé les représentations de Mlle Mars, et le succès du gigantesque pachyderme avait fait le vide dans toutes les bourses. Aussi le jour de l'apparition de la célèbre artiste, la recette fut médiocre. Les familiers de Mlle Mars essayèrent de la consoler de cet insuccès financier en le motivant sur le triomphe de Kiouny. Mais c'est trop juste, répondit-elle, je ne suis pas aussi grosse que lui !!...

Et la légendaire Mme SAQUI ?....

Je la vois encore en 1832 traverser la salle entière sur une corde raide et terminer son ascension au *pouleu* où l'attendaient avec anxiété des bras prêts à la recevoir et des cœurs pour l'embrasser.

Maintenant, en regardant cet orchestre composé aujourd'hui d'éléments si dignes du glorieux passé, que d'émotions mon âme éprouve au souvenir de mes vieux amis qui n'y sont plus ! Car, hélas ! que reste-t-il d'eux quand la mort a éteint leur talent ? Rien ! que le souvenir éphémère de ceux qui les ont entendus, mais qui disparaîtront à leur tour ; rien que quelques mots jetés sur leur gloire, comme des fleurs sur une tombe ! Où es-tu LEJEUNE, BOURLE, JULES MERCIER, dont l'âme se confondait avec celle de ton violon ; EUGÈNE MERCIER, avec ton exécution si originale ; Jean-Baptiste MOREAU, avec ton organisation musicale si puissante ; GEORGES, GUILLER, SULOT, HUSTACHE, MAURICE, CHANAT, WALTEUFELD, et toi, Constant PIERROT, si bon, si généreux, vous tous enfants de Dijon, si chers à mon cœur et si vivants dans mon souvenir, à vous tous qui reposez en paix !... salut !!...

Voilà, mes chers compatriotes, tout ce que ma sénile mémoire a conservé du passé. Mais je serais injuste, ingrat, si je ne reconnaissais pas les efforts couronnés de succès de la jeune et vaillante école de l'avenir. Le passé fut brillant. Le présent tiendra à honneur de soutenir la vieille réputation artistique de Dijon. Grâce à l'initiative de M. Enfert, maire de la ville, et à la libéralité de l'autorité municipale, le chiffre de la subvention permettra aux directeurs actuels de satisfaire le goût éclairé de notre artistique Bourgogne.

———————

Nous célébrons aujourd'hui l'anniversaire de la cinquantaine du théâtre. Malgré mon âge, j'ai encore bon pied, mauvais œil, mais bon estomac ; aussi, je vous donne rendez-vous, *ici*, le 4 novembre 1928, pour célébrer le centenaire, et j'espère que nous nous y retrouverons tous. C'est la grâce que je vous souhaite.

COMPTE-RENDU SOMMAIRE

DE LA

REPRÉSENTATION D'INAUGURATION

DU

THÉATRE DE DIJON

LE 4 NOVEMBRE MARDI 1828

INAUGURATION

Ce fut le mardi 4 novembre 1828 que la nouvelle salle de spectacle fut inaugurée.

Le baron Durande, maire de la ville en 1812, contribua par son dévouement à la conception du monument. C'est à cet honorable magistrat, dont l'administration fut une suite de sacrifices au bien public, que Dijon doit les commencements d'exécution des travaux. Mais, nouveau Moïse, il n'eut point le bonheur d'entrer dans la terre promise : son lit de mort fut son mont Sinaï.

Le malheur des temps força d'interrompre pendant un long intervalle les premiers travaux. Quand les finances de la ville purent être appliquées à autre chose qu'à payer les impôts légués par les deux invasions, un administrateur habile et éclairé, M. Morelet, ressuscita une pensée chère à la plus grande partie de ses concitoyens. Il fit reprendre avec activité l'œuvre abandonnée. Les fondements de l'édifice étaient devenus de véritables ruines. Ils eurent besoin d'une complète réédification.

Un architecte dijonnais, M. Célérier, déjà célèbre par la création du théâtre des Variétés à Paris, fut l'auteur de tous les plans de salle, modifiés plus tard par notre compatriote M. Vallot. Cet artiste insista pour que l'édifice tout entier fût bâti en pierres de taille. Cette exigence contribua au grandiose du monument qui mesure 52 mètres en longueur sur 21 mètres de largeur. Notre théâtre, avec ces proportions, peut rivaliser, sans immodestie, avec les plus beaux théâtres de France !

Ce fut le jour de la Saint-Charles, le 4 novembre 1828, qu'eut lieu l'inauguration du nouveau théâtre.

L'affiche annonçait :

1° *Un Prologue d'ouverture.*
2° *Les Déguisements ou une Folie de grands hommes.*
3° *La Partie de chasse de Henri IV.*

Plus de quatorze cents personnes se pressèrent bientôt dans la salle, beaucoup trop étroite pour recevoir les flots de curieux qui assiégeaient en vain le péristyle. Les loges, le parterre, les fauteuils, la profondeur des baignoires, les hauteurs du *paradis*, tout avait été envahi, pris d'assaut. Un public passionné voulait admirer toutes les décorations de *Cicéri*. En attendant le lever du rideau si richement peint par MM. Moench frères, auteurs également du plafond, les nouveaux hôtes parcouraient de leurs regards les ornements intérieurs du théâtre, exécutés avec goût par un artiste dijonnais, JEANTET ; la distribution des loges, alors toutes découvertes, d'où les groupes de dames élégantes se détachaient sur un fond gris-bleu. On admirait encore les décors du plafond, autour duquel serpentait gracieusement le pampre bourguignon. Mais le temps qui use tout effaça bien vite l'œuvre des maîtres, et un peintre fameux, Cambon, dirigea lui-même en 1854 les travaux de restauration que l'on apprécie encore aujourd'hui.

Tout à coup les applaudissements, les acclamations de la salle entière annoncèrent l'apparition de M. le marquis de Courtivron, maire de la ville, accompagné de M. Briffaut, de Dijon, membre de l'Académie française, et de M. Carrelet, secrétaire général de la mairie.

Le digne magistrat paraissait sentir avec une vive émotion l'effusion de la joie publique dont il était l'objet. On ne savait, en ce moment, lequel éprouvait le plus de satisfaction, ou du vénérable vieillard qui recevait ce juste hommage, ou du public reconnaissant qui le lui rendait, après une représentation triomphale. Le parterre demandait à grands cris que le maire reparût encore dans sa loge. M. de Courtivron s'exécuta, et sa réapparition fut saluée par de nouvelles et plus nombreuses acclamations.

Les Dijonnais étaient fiers de rencontrer partout dans ce beau monument l'œuvre de leurs compatriotes.

Terminons par une remarque qui a bien son intérêt : c'est que les dépenses totales de cette nouvelle salle, bâtie avec un soin extrême, distribuée avec intelligence, soignée dans tous ses détails, n'atteignent que le chiffre de six cent cinquante mille francs.

DISCOURS

PRONONCÉ

POUR L'INAUGURATION DE LA SALLE DE SPECTACLE

A DIJON

LE 4 NOVEMBRE 1828

AUTEUR : **BRIFFAUT**, DE DIJON

MESSIEURS,

Il s'ouvre enfin ce temple aux beaux-arts consacré,
Monument digne d'eux, et par eux décoré...
Honneur au magistrat dont les utiles veilles
Font jouir son pays de ces nobles merveilles !
Son nom, qui désormais se lie à nos plaisirs,
Vivra dans ce palais comme en nos souvenirs.
Honneur encore à vous, qu'une audace savante
Vient d'immortaliser sur la scène vivante,
Artistes créateurs ! Vous pouvez être vains
De ce nouveau chef-d'œuvre échappé de vos mains.
Grâce à vous du talent les heureux interprètes,
Ne reconnaîtront plus la ville des poètes,
Que de grands souvenirs ! c'est ici le berceau
Où la muse lyrique abaissant vers *Rameau*
Le vol harmonieux de ses magiques ailes,
Lui dicta de ses chants les beautés immortelles.
Là paraît *Longepierre*, un poignard à la main,
Aux cieux, avec *Médée*, il se trace un chemin.
Ici l'auteur naissant de la *Métromanie*
Jouait avec Momus en cherchant son génie.
Là quelque temps caché sous ces doctes remparts
Crébillon promenait ses sublimes regards,
Sonda des passions les terribles abîmes,
Agrandit fièrement le domaine des crimes
Et recula peut-être aux effrayants tableaux
Prêts à sortir vivants de ses hardis pinceaux.
Saumaise, l'œil fixé sur les écrits célèbres,
Du temps qui les voilait, dissipe les ténèbres.
Plus loin c'est *Lamonnoie :* on dit que chaque soir
Au coin de vos foyers sa muse vient s'asseoir,
Et redire à l'enfant ces *Noëls* populaires
Des hivers bourguignons, plaisirs héréditaires.

Il ne m'appartient pas, orateur familier,
De citer devant vous les *Jeannin*, les *Bouhier*
Ni de *Brosse*, épanchant dans sa double carrière
Sur les lois, sur les arts, une double lumière.
Ni cet homme inspiré, plein de l'esprit de *Dieu*,
Qu'on doit louer partout, excepté en ce lieu.
Ni *Buffon*, qui, peignant un sublime modèle
Beau comme la nature et varié comme elle
Parmi vos citoyens, jaloux d'être compté,
Vous lègue avec son nom, son immortalité !
Dijon ! noble séjour ! que de noms mémorables,
Offrent à notre encens ses fastes honorables !
Que de talents divers sont sortis de ton sein !
Combien d'autres encor, pur et brillant essaim,
S'élançant à leur suite au temple de mémoire,
T'enrichiront un jour des tributs de leur gloire !
Ce présage flatteur vous saurez l'accomplir
Jeunes amants des arts, que je vois tressaillir
Au seul nom de grand homme, au seul nom de génie.
Vous qui dans les travaux d'une docte insomnie,
Tourmentés du besoin de la célébrité,
Poursuivez son image et dont l'œil enchanté
A travers l'avenir promis à votre audace
De vos pas conquérants marque déjà la trace,
Dans la solennité dont le jour luit sur vous
Quelle nouvelle ardeur va s'emparer de vous !
Nous osons aborder la terre des *grands hommes* ;
Voyez ce qu'ils étaient et non ce que nous sommes ;
Applaudissez leur ombre : et songez qu'en ce jour
Marqué par des tributs de respect et d'amour,
Nous venons devant vous, couverts de leur mémoire
Et que pour sauve-garde ils nous offrent leur gloire.
Tels on voyait jadis, dans les temples pieux,
Des mortels se sauver vers l'image des dieux ;
Sitôt qu'ils embrassaient cette image adorée,
Leur tête, au même instant pour le peuple sacrée,
De la justice humaine évitait tous les coups,
Et, quel que fût leur crime, ils s'éloignaient absous.

BRIFFAUT.

9 782329 235356